LA GUÍA SENCILLA PARA PRINCIPIANTES SOBRE EL BUDISMO

SUPERA EL ESTRÉS Y LA ANSIEDAD DESCUBRIENDO TU PAZ INTERIOR A TRAVÉS DE UNA ATENCIÓN GUIADA, YOGA, CHAKRAS & LA MEDITACIÓN VIPASSANA

DIMAS SAUSEDA

ÍNDICE

Introducción — vii

1. Aspectos básicos del Budismo — 1
2. Verdad Noble #1: La verdad del sufrimiento [dukkha] — 7
3. Verdad Noble #2: La verdad del origen sufrimiento — 13
4. Verdad Noble #3: La verdad de la cesación del deseo — 17
5. Verdad Noble #4: La verdad del sendero — 21
6. Las cadenas de causalidad — 23
7. El noble camino óctuple — 31
8. Los Cinco Factores de Control — 47
9. Eslabones para llegar a la iluminación — 53
10. Los 10 eslabones que encadenan a realidades artificiales — 63

Conclusión — 69

Copyright 2019 - Todos los derechos reservados.

El contenido de este libro no puede reproducirse, duplicarse o transmitirse sin el permiso directo por escrito del autor o el editor.

Bajo ninguna circunstancia se atribuirá culpabilidad ni se responsabilizará legalmente al editor ni al autor de ningún daño, reparación o pérdida monetaria debido a la información contenida en este libro. Ya sea directa o indirectamente

Aviso Legal:

Este libro está protegido por los derechos de autor. Este libro es únicamente para uso personal. No se podrá enmendar, distribuir, vender, usar, mencionar o parafrasear cualquier parte o contenido de este libro, sin el consentimiento del autor o editorial.

Aviso de exención de responsabilidad:

Favor de notar que la información contenida en este documento es solo para fines educativos y de entretenimiento. Todo el esfuerzo fue hecho para presentar información precisa, actualizada y completa. Ningún tipo de garantía viene declarada o implícita. Los lectores reconocen que el autor no está comprometido en presentar consejos legales, de tipo financieros, médicos, ni profesionales. El contenido de este libro ha sido obtenido de diversas fuentes. Favor de consultar a un profesional antes de intentar realizar cualquiera de las técnicas descritas en este libro.

Al leer este documento, el lector acepta que bajo ninguna circunstancia el autor es responsable de las pérdidas, directas o indirectas, que ocurran como resultado del uso de la información contenida en este documento, incluidos, entre otros, - errores, omisiones o inexactitudes.

INTRODUCCIÓN

El Budismo es una filosofía de vida cargada de doctrinas, con unas enseñanzas prácticas enfocadas en trabajar directamente en la mente y conseguir fortalecerla.

Esto hace cambiar la vida y se aprende a ver el mundo de otra manera. Con ello se consigue ser más estable y se evitan que las cosas negativas de la vida hundan la existencia.

Se consigue evitar el deseo, ya que este daña, y a la vez es la aceptación tal como se es, apartando los complejos propios.

Se entra en un estado de paz y tranquilidad donde se alejan los miedos y se consigue el flujo de felicidad estable y permanente.

Por fin se puede ser capaz de entender la vida, lo que importa realmente en ella y se comprende su ciclo, la muerte y el miedo a esta.

Si se aprende a deshacer del deseo, a aceptarse como se es, se comprende la enfermedad, entre otras cosas, entonces será imposible derribarse fácilmente.

Esto es lo que el budismo denomina iluminación, despertar o Nirvana, es el momento en que todo en la mente está ordenado perfectamente desatando los nudos que hay presentes.

Todos los seres humanos tienen la capacidad de lograr la iluminación.

Esto no es magia, es realidad, son muchas las personas que lo han intentado y lo han logrado, solo es cuestión de tiempo para lograrlo y poder aumentar la conciencia.

Quienes lo logran, dejan de buscar la popularidad y fama, querer más dinero, hacerse más hermosos o satisfacer sus deseos.

Han dejado de necesitar tener cosas, se sienten plenamente satisfechos con lo que tienen.

La felicidad no depende de nada, como no se es dependiente pues es una felicidad permanente.

Aunque el budismo es más que esta introducción, muchísimo más y por eso se preparó este material. Donde se explica esta milenaria filosofía.

1

ASPECTOS BÁSICOS DEL BUDISMO

El Budismo, más que una religión o una mera filosofía es un conjunto de ideas y métodos que conducen a la liberación del individuo de sus peores opresores:

Elementos como el odio, la codicia y la ignominia se eliminan para aprovechar la vida al máximo.

El Budismo es un camino de enseñanzas prácticas. La meditación es una de ellas, esta sirve como medio para la transformación, ayuda a desarrollar cualidades de consciencia, sabiduría y bondad.

Durante miles de años en la tradición budista se creyó un recurso incomparable para los que querían seguir un sendero para el desarrollo espiritual.

El sendero budista lleva a lo que se conoce como Iluminación o Budiedad.

¿Quién fue Buda?

La palabra Buda es un título y no un nombre, su significado es "alguien que está despierto" en el sentido de haberse "despertado a la realidad".

El título describe el logro de un hombre de nombre Siddharta Gautama, quien vivió hace 2500 años en el norte de la India. A sus 35 años, luego de años de esfuerzo, logró la Iluminación, al estar en una profunda meditación. Por los restantes 45 años de vida, viajó por gran parte del norte de la India diseminando su enseñanza del sendero de la Iluminación.

Buddha-Dharma es el nombre por el que se le conoce en Oriente: La Enseñanza del Iluminado.

Yendo de lugar a lugar, Buda enseñó a una gran cantidad de discípulos, muchos de ellos alcanzaron la Iluminación y a su vez estos enseñaron a otros.

Así se creó una cadena ininterrumpida de enseñanzas que hasta nuestros días continúa existiendo.

Buda no era ni dios, ni profeta de Dios, tampoco se

declaró como un ser divino. Dentro del Budismo no se maneja el concepto de un Dios creador.

Buda fue un ser humano que por medio de grandes esfuerzos se transformó y trascendió su limitación humana, creándose en el nuevo orden de Ser.

El estado de Iluminación comprende tres facetas:

- Un estado de Sabiduría, viendo las cosas como son realmente.
- Una fuente de Compasión o Amor que se manifiesta en una actividad permanente para el beneficio de los seres.
- La liberación completa de las energías de cuerpo y mente para que estén al servicio de la mente con consciencia plena.

Este es un concepto de Iluminación que no se maneja en Occidente salvo para los conocedores y seguidores, quienes no lo conocen se pierden la capacidad espiritual que ofrece el Budismo.

Algunos estudios interpretan en un sentido humanístico cómo llegar a ser un humano ético y con cualidades morales con la carencia de un orden espiritual.

Otros comprenden la meta en términos de un dios más allá de todo y creador de cosas, pero la meta real es la comunión o la unión con él.

¿Qué pasó luego de la muerte de Buda?

El Budismo desapareció de la India hace mil años, aunque ha estado reviviendo en los últimos tiempos. Las enseñanzas se expandieron a Sri Lanka y al sudeste de Asia donde la forma Theravada de Budismo aún continúa floreciendo.

En el Tibet, Mongolia, China y Japón también tiene la presencia del Budismo.

Las formas Mahayana de Budismo se practican en otros países, aunque en el último siglo han padecido mucho por los efectos del comunismo y el consumismo.

Los últimos cien años el Budismo ha estado instalándose en Occidente y muchas personas se han convertido a budistas.

¿Qué enseña el Budismo?

El Budismo ve a la vida como un proceso de permanente cambio y las prácticas tratan de tomar ventaja de éste principio inherente a las cosas.

El significado es que se puede cambiar para mejorar. Es el factor decisivo para transformar la mente y esta doctrina se ha transformado en una herramienta esencial para lograrlo.

Los medios principales para conseguirlo es la meditación, la cual es una forma para desarrollar los estados mentales más positivos que se caracterizan por la calma, consciencia, concentración, amistad, felicidad y ecuanimidad.

El resultado de una mente positiva y clara tras la meditación permite tener una mejor comprensión de uno mismo, de los demás y de toda la vida.

El Budista no está pendiente de evangelizar y convencer a otros de seguirle para que se metan a Budistas, pero si ponen a disposición las enseñanzas para el que esté interesado.

La gente tiene la libertad de tomar lo poco o mucho para lo que se siente listo, muchas personas meditan y aplican la filosofía del Budismo sin hacerse realmente budistas.

¿Cómo hacerse Budista?

Hacerse Budista en todo el sentido es comprometerse con los Ideales centrales del Budismo. Estos son el Buda o el ideal de la Iluminación, el Dharma, las enseñanzas prácticas del Budismo y la Sangha.

La comunidad de personas que sigue el camino aporta amistad, inspiración, estímulo y guía.

Ordenarse Budista significa comprometerse con los ideales, no implica un estilo de vida en particular. Así se rompe esa división entre monjes y laicos que se ve en algunos países de Oriente.

El camino al Budismo está abierto a todos, mujeres, hombres, ancianos y jóvenes, no importa la nacionalidad, la raza o antecedentes. Todos pueden ser Budistas.

2

VERDAD NOBLE #1: LA VERDAD DEL SUFRIMIENTO [DUKKHA]

La noble verdad del sufrimiento o insatisfacción, Dukkha, en Pali. Esta es la Primera Noble Verdad de Buda y se refiere a la realidad de la vida llena de sufrimientos e insatisfacciones.

Es un postulado que reconoce la presencia universal de estos males.

En su primer sermón, Gotama lo expresó así:

He aquí, oh monjes, la Noble Verdad del Sufrimiento. El nacimiento es estresante, el envejecimiento es estresante y la muerte es estresante. La tristeza, el lamento, el dolor, la angustia y la desesperanza constituyen el sufrimiento. El estar ligado a lo indeseable significa sufrimiento, pero el hecho de tener que separase de lo deseable también es sufrido. Finalmente, cuando no se obtiene lo deseado, se sufre.

Dicho en otras palabras, esta es una verdad que considera el hecho fundamental que se liga a las cosas del mundo, según la cual la vida en todas sus dimensiones es insatisfactoria para la mayoría de las personas.

Además de los ejemplos antes mencionados se le pueden añadir otros que a menudo se experimentan en la vida. Buda lo que quiso enfatizar fue el carácter general de esta experiencia.

La universalidad del sufrimiento se manifiesta en que en la India la gente sufría de la misma manera que sufren actualmente en Europa, América Latina o cualquier parte del mundo.

Es un hecho que no tiene nada que ver con lo material que se posea o por otros aspectos que causan el estrato social.

¿Qué tienen en común un mendigo durmiendo debajo de un puente, protegiéndose de una lluvia torrencial y la Reina de Inglaterra que duerme cómoda en su cama inmensa y a pocos metros del mendigo?

La respuesta es que ambos, a pesar de la inmensa distancia social que les separa, comparten el mismo hecho de tener el sufrimiento en sus vidas, cada uno a su modo, pero lo hay.

No se puede escapar a él. Siempre a todos los seres humanos les llega esta sensación.

Esta Primera Noble Verdad no se debe comprender como un principio filosófico metafísico, sino como una realidad concreta que todos compartimos en el día a día.

Buda le da un enfoque a la universalidad del sufrimiento y se puede ver pesimista a primera vista, pero es importante destacar que la palabra Dukkha que se traduce como sufrimiento en Pali significa "incapaz de estar satisfecho" y está relacionada al mundo de los sentidos, que se manifiesta con la crónica imposibilidad de llenar totalmente el corazón de un hombre para que sea realmente feliz.

Dice esta sentencia que "el sufrimiento está presente de manera universal en el mundo" y no que "yo estoy sufriendo", en una primera leída no parece algo sustancial, pero sí que tiene un abismo de diferencia, especialmente por la gran relevancia a la luz de una de las grandes enseñanzas del Budismo, sobre la no existencia del "yo" o "alma", la primera afirmación reconoce la existencia del sufrimiento, la segunda se identifica con él.

Una de las grandes características de la meditación budista consiste en mirar los estados de ánimo como si en realidad no pertenecieran. Cuando llegan los sentimientos de dolor, pena, gozo, angustia, emoción, etc., ellos pasan, duran un tiempo y se van, unos duran más que otros, pero al final se desvanecen y dan paso a otros.

La persona no es ese sentimiento, tampoco es el otro, no se identifica con ninguno, solo es una sensación temporal.

Otros piensan que elevar el sufrimiento al estatus de una "Noble Verdad" es algo de mal gusto y que lo mejor sería olvidarlo por completo.

En vez de centrarse en lo negativo, mejor es enfatizar lo que es positivo, alegre y bonito de la vida. Hablar de la belleza y los placeres en vez del envejecimiento, las angustias y los dolores.

El hombre moderno le huye a esos pensamientos que considera malos y por eso prefiere borrarlos, porque los considera molestos, así como eliminar los mosquitos con venenos en spray, los males los combate con ruido, ceremonias religiosas, fiestas, chistes y todo lo que distraiga de esa sensación que no le apetece sentir.

Buda simplemente llama la atención de este método de enfrentar los problemas y los considera ineficaces, no se habla de luchar contra el sufrimiento, sino de comprenderlo, ver su naturaleza y el origen para luego liberarse de él.

Para poderlo entender, se necesita investigación del mismo o al menos mirarlo de frente, ver las insatisfacciones diarias, las desilusiones, las irritaciones y los nervios. Tener consciencia de todo esto y convertirlo en entendimiento.

Se puede aprender viendo al sufrimiento, se descubre el origen, esto es algo inmenso, saber de dónde viene, pero ya este es un tema que le corresponde a la Segunda Noble Verdad, el siguiente capítulo.

VERDAD NOBLE #2: LA VERDAD DEL ORIGEN SUFRIMIENTO

La segunda Verdad Noble hace referencia al origen del sufrimiento y su causa.

Dice:

He aquí, oh monjes, la Noble Verdad del origen del sufrimiento: el deseo que produce el continuo llegar a ser, acompañado por la codicia de los placeres, y que encuentra siempre algún nuevo deleite aquí y allá, es la causa del sufrimiento. El deseo puede ser por los placeres sensuales, por la existencia como también por la no existencia

El sufrimiento, según se lee en estas palabras de Buda se origina por el apego a diversos tipos de deseos.

El primero es el deseo de los placeres sensuales. Es un tipo de deseo que se experimenta fácil y no requiere mucha explicación; por ejemplo: al tomar un bocado de las comidas que gustan y son deliciosas, se hace porque nace el deseo de probar otro bocado. Es una experiencia del día a día que no necesita mucha filosofía, solo es probar algo que se considera delicioso en una cantidad pequeña y luego ver lo que sucede en el interior, este es un ejemplo simple de lo que es el deseo de los placeres sensuales.

Como segundo punto, Buda menciona el deseo de la existencia, que se manifiesta normalmente cuando se tiene el deseo de llegar a ser alguien que aún no se es, se tiene la ambición de las cosas, el esfuerzo para ser valorado y reconocido por la sociedad, se quieren riquezas, progresos laborales, se quiere llegar a ser algo distinto a lo que se es ahora mismo.

Esta es una situación que va de acuerdo a la concepción budista, lleva a experimentar las desilusiones y consecuentemente a parar en el deseo de la no existencia, es decir el de dejar de ser o dejar de sentir. Se quiere ser libre de la angustia, de los celos y ansiedad, se quiere conquistar la ira, el enojo o cualquier otro mal que se sienta.

Así es que se sienten diversos tipos de deseos enmarcados en esta Segunda Noble Verdad.

Se debe señalar que según las enseñanzas budistas no es el mismo sentimiento del deseo el que crea el sufrimiento, sino el apego a él.

El deseo no produce sufrimiento, solo lo hace la costumbre que se tiene a las cosas, las pretensiones, los apetitos por tener.

Si se tiene hambre, es natural querer comer y sentir el deseo de un plato. También es normal que surjan otros deseos como querer ser millonario, más saludables, menos obesos o menos calvos, tener más inteligencia, más simpatía y todo el deseo que pase por la mente, son deseos en sí mismos que no pueden causar sufrimiento ni perjudicar, a menos que se proceda a hacer con ellos: abrazarlos con estima como parte de la naturaleza o reprochar la existencia, haciéndole frente y eliminándolo de la mente.

Lo que se debería hacer es solamente reconocerlo y saber que son deseos que surgen, pero que no se tiene que crear una identificación con ellos, no hay que regañarse por su existencia, pero tampoco hay que apegarse a ella.

VERDAD NOBLE #3: LA VERDAD DE LA CESACIÓN DEL DESEO

Esta es la tercera Noble Verdad, la del cese del sufrimiento. Aquí Buda explica en qué consiste este cese del sufrimiento.

Dice:

He aquí, oh monjes, la Noble Verdad sobre la extinción del sufrimiento que consiste en abandonar el deseo. El total cese, la total extinción y liberación del deseo ocurre cuando lo abandonamos y renunciamos a él de manera total.

El camino para poder liberarse, comienza como un estado mental que es capaz de percibir claramente la relación causal entre el apego a los deseos por un lado y el sufrimiento por el otro.

Nunca se debe tratar esta verdad, ni ninguna otra como si fueran dogmas que tienen que aceptarse por medio de una fe ciega, la misma se tiene que convertir en una experiencia personal que se base en la perspicacia manera de observar el mundo y a sí mismo.

El Budismo desarrolló técnicas de meditación para tratar la actividad espiritual, esta podría servir para lograr este objetivo, igualmente cada uno debe aprender a observar el apego a las cosas materiales y las ideas que se defienden, muchas veces con gran vehemencia y las actitudes y las costumbres que originan el sufrimiento.

Cuando se descubre que todos los objetos que se quieren en el plano terrenal llevan consigo el inconfundible sello de la insatisfacción, e impermanencia, el apego se puede reducir y con ello se va el sufrimiento.

Todos los placeres tienen un carácter limitado, todo lo que se ve, se escucha, se prueba, toca, piensa o siente es finito, perecedero y pasajero, tiene como destino desaparecer y morir.

Se puede decir entonces que cuando se abrazan estos placeres se abraza la muerte y si no, se contempla con suficiente perspicacia o no se entiende, entonces se llega a una situación absurda en donde se pretende ser verdaderamente feliz por medio de cosas que solo se pueden ofrecer cuando se siente desesperación, decepción y desilusión.

De las grandes metas de la meditación budista, está lograr que esos sentimientos que antes se trataban de esconder ahora afloren con claridad, si se tiene un desespero por cosas materiales o si se tiene miedo del fracaso profesional o se tienen sentimientos semejantes, entonces no hay que huir, sino tener la consciencia plena y clara de su existencia, este es un camino que no parece atractivo a primera vista, porque por lo general se tiene la costumbre de estar en estándares espirituales elevados.

El sentir envidia, odio o irritación, desear mal a otro, es algo que no debería existir en una persona buena.

Pero el tener consciencia de lo que pasa es solo la mitad del camino, la otra mitad es no permitir que lo anterior envuelva un sentimiento de culpa, hay que ver esos sentimientos y su origen, la manera en la que se desarrolla y finalmente cesan sin que se pueda identificar la esencia.

Es ser un testigo imparcial de lo que se observa, sin

juzgar ni alabar nada, al final esta actitud va a permitir apegarse cada vez menos a los deseos y verlos como algo extraño y distante, a la larga va a reducir el sufrimiento aunque no se elimine por completo.

Finalmente, se tiene que hacer una importante advertencia que consiste en esto: es más fácil comprender intelectualmente lo expresado en este capítulo y en todas las verdades, pero descubrirlo y experimentarlo es un poco más complejo.

Precisamente por eso es que toca considerar la meditación budista como el camino para recorrer, no es una solución instantánea o milagrosa, sino un aprendizaje que se desarrolla y saca el potencial que tiene cada uno y lo ayuda a liberarse de la culpa y la pena.

VERDAD NOBLE #4: LA VERDAD DEL SENDERO

Marga, esta es la última y cuarta de las Nobles Verdades del Budismo, la cual tiene por nombre: Noble camino óctuple, se representa por estos ocho postulados:

- Comprensión.
- Pensamiento.
- Palabra.
- Acción.
- Ocupación.
- Esfuerzo.
- Atención.
- Concentración.

Todas las acciones que se han tomado deben realizarse del modo correcto si se quiere lograr el Nirvana, es la manera de recorrer perfectamente el Noble camino óctuple para poder lograr la paz interior, en definitiva las cuatro nobles verdades del Budismo se configuran para ir en el sendero al Nirvana, siendo el recorrido que hizo Buda para poderlo alcanzar y dejar atrás cualquier clase de sufrimiento relacionado con la existencia humana.

LAS CADENAS DE CAUSALIDAD

Los antiguos budistas enseñan que existe una razón para que de manera permanente se nazca, envejezca y muera. Hay unas cadenas de causalidades, formada por doce eslabones que se originan de manera dependiente y mantiene aprisionada la existencia cíclica.

Es importante conocer estos doce vínculos en profundidad para cortar las ataduras que amarran al sufrimiento.

Los doce eslabones, se dice que se originan de manera dependiente, lo primero que hay que hacer es investigar qué es la dependencia, esta consta de tres niveles.

Existe un primer nivel de originación dependiente,

relacionada con la ley universal de Causa y Efecto: hay causas que ayudan y dañan en cierto modo, los fenómenos se producen porque se dan condiciones específicas que tienen la potencialidad de originar fenómenos específicos.

Hay un segundo nivel de originación que es más profundo, este se aplica a todos los fenómenos: es el establecimiento de los fenómenos dependiendo de sus partes, no hay ningún fenómeno que no tenga partes y por lo tanto cada fenómeno es designado en dependencia de sus partes.

Finalmente hay otro nivel todavía más profundo, es el hecho de que los fenómenos son designados por términos y conceptos en dependencia de sus bases de designación; cuando se busca un objeto entre sus bases de designación no se puede encontrar el objeto designado por lo que se ha de concluir que los fenómenos se originan dependientemente, designados en dependencia de sus bases de designación.

Los doce vínculos

La ignorancia

Dentro de este contexto la ignorancia es no saber, no conocer la raíz samsara y no conocer la naturaleza real de los fenómenos.

La ignorancia aparece representada por un anciano que es ciego y cojea con un bastón.

Dado que la ignorancia es débil en el sentido de que no tiene una cognición que sea válida, la persona cojea y se apoya en ese bastón.

La acción

La volición, esta aparece simbolizada por la figura de un alfarero, este toma barro y lo transforma en un nuevo elemento, de manera casi igual cada acción desencadena una secuencia que lleva a nuevas consecuencias.

Asimismo, el alfarero pone en marcha ese torno, el cual va a girar durante el tiempo necesario y sin mucho esfuerzo; así un ser vivo actúa y crea una predisposición en la mente, esta posee el potencial para continuar sin obstáculos hasta lograr el efecto.

La conciencia

Se simboliza por un mono. En la mayoría de los sistemas budistas se propone la existencia de seis tipos de conciencia, la imagen a menudo es la de un mono que salta de una ventana a otra de una casa. Este símbolo es la imagen de la visión única de la conciencia.

El nombre y la forma

Su nombre se refiere a los cuatro agregados mentales de sensación, discriminación, factores composicionales y conciencia.

La forma es el agregado de los fenómenos físicos y se representa por la imagen de personas navegando en una barcaza.

Las seis esferas sensoriales

Este es el quinto vínculo, son los impulsos internos de la conciencia: los ojos, la lengua, la nariz, los sonidos mentales y el cuerpo.

Se simbolizan mediante una casa vacía porque en términos de nacimiento, los órganos se están formando y aún no empiezan a funcionar.

El contacto

Se representa como un beso puesto que se refiere a un encuentro con un objeto, la conciencia y el poder sensorial.

Con este contacto se distingue al objeto como algo que gusta, agrada, es neutro o desagradable.

La sensación

Se trata de un factor mental que experimenta sensaciones placenteras, neutras o dolorosas.

Su símbolo es el de una flecha clavada en un ojo porque cuando se habla de los ojos, incluso algo insignificante puede causar una gran sensación.

Apego y aferramiento

El vínculo Octavo y vínculo noveno, representan los deseos, lo que se diferencia en su grado de intensidad. El aferramiento es más fuerte que el apego.

La existencia

La imagen es la de una mujer embarazada, dependiendo de la forma y el nombre, las esferas sensoriales, la sensación y el contacto, se genera un apego por estar cerca de objetos agradables.

El apego y aferrarse aumenta el potencial kármico de manera que se convierte en causa de una nueva vida.

El nacimiento

Representado por una mujer dando a luz. El karma ya a estas alturas se ha actualizado y da a luz una nueva vida.

Envejecimiento y muerte

Es el duodécimo vínculo.

Luego de ver estos y entender lo que se quiere decir cuando se habla de dependencia y cuáles son los doce vínculos, se puede entender entonces cómo se permanece en la existencia cíclica.

- Los sufrimientos no deseados de envejecer y morir se producen dependiendo del nacimiento.
- El nacimiento se produce dependiendo del nivel potencial de acción que se denomina existencia.
- La existencia se produce de acuerdo al aferramiento.
- El aferramiento se produce de acuerdo al apego que se tenga.
- El apego se desarrollar de acuerdo a las sensaciones.
- Las sensaciones se dan de acuerdo al contacto.
- El contacto se da de acuerdo a las seis esferas sensoriales.
- Las seis esferas sensoriales se dan dependiendo del nombre y la forma.
- El nombre y la forma se produce dependiendo de la conciencia.

- La conciencia se da dependiendo de la acción.
- La acción se da dependiendo de la ignorancia.

Para ponerle fin al samsara, el ciclo de existencia condicionada, se ha de conseguir rompiendo la cadena de los Doce Vínculos, si se consigue cortar, entonces se habrá logrado la liberación.

7

EL NOBLE CAMINO ÓCTUPLE

*E*s momento de comenzar a interpretar el sentido de este camino, no como un camino que se va a recorrer dejando atrás las etapas y llegando al final tal como se ha partido, tal vez un poco más viejos, a una meta donde se recogerán los frutos o recompensas del esfuerzo.

Más bien se debe tomar esta enseñanza como esa metáfora del viaje donde el viajero emprende el camino con el deseo de llegar a un puerto, puede ser Itaca, y es con la experiencia de ese viaje que se transforma y enriquece y al llegar ya no es necesario tener premio alguno.

La isla hacia la que se parte fue la excusa, pero fue dándose el viaje que comprendía, cambiaba y abría el corazón y la mente y transformaba la experiencia en la meta verdadera.

Se debe usar la base de esta exposición en la forma en que Sangharakshita ha traducido y explorado la enseñanza que se puede conseguir en español con el nombre "Budismo para principiantes y maestros".

Dice el autor que este camino tiene dos partes, la primera es la de Visión y corresponde la primera de las ocho etapas y la segunda es la de transformación y abarca las otras siete etapas.

Las ocho etapas de liberación

Primera: La Visión Perfecta

Esta es la primera parte del camino y la primera etapa, tiene que ver con la intuición espiritual. Al referirse a ella se está marcando una experiencia y no es un mero acercamiento al intelecto. Por medio de esta visión, intuición o experiencia sobre cómo son las cosas que se comienzan a decidir o comenzar el viaje.

Al no tenerse esta intuición nada ocurre y es en la medida que esta experiencia es más fuerte y penetrante que permea todo el ser, se transforma en emoción, el habla y cada cosa que configura el ser, hasta que al final se emerge renovado y con la conciencia llena de luz, con compasión y libertad.

Es entonces que la visión de la existencia es perfecta, completa y sin tachaduras.

La intuición inicial transforma en alguna medida, las distintas partes de nuestro ser, es una transformación que hace que la visión sea más clara y profunda y esto la ayuda a aumentar.

Se ve que el camino espiritual no es un mero camino de seguir reglas, no es adoptar creencias. Sino que empieza del vislumbre de los impulsos y surge de muchas maneras.

Puede ser de una situación dolorosa, como perder a una persona que se quería.

Buda no conseguía sentido a su vida y por eso un día comenzó a buscar la plenitud y la intuición inicial iluminó toda su conciencia. Esto le reveló que cada ser humano podía intuir, cambiar, llenarse de luz y también se dio cuenta de lo difícil que esto era y tomó la decisión de enseñar el camino de ese sendero.

Hubo algo que dejó claro, él solo podía señalar el

camino, cada quien tenía que emprenderlo por su cuenta.

Lo señaló de muchas maneras, con métodos para el desarrollo de la consciencia humana y con conceptos para acercarse a la visión de la existencia que había realizado.

Uso metáforas, mitos, símbolos, y dio su ejemplo.

Segunda: La emoción perfecta

Solo cuando se sabe lo que se intuye en relación a la verdad de las cosas, entonces se entra en el Yo emocional y se puede pensar en transformación.

Para la persona que se ha vuelto un Buda con su visión de existencia totalmente abierta, la transformación también es perfecta. Se elimina todo rastro de deseo neurótico, crueldades y odios.

Por otro lado aparece el amor, la alegría, la compasión y una generosidad ilimitada con una profunda tranquilidad.

Este es un camino de entrenamiento, quien empieza tal vez apenas vea un vislumbre, en este momento es el intento de llevar al corazón lo que se sabe mentalmente, esto no es nada sencillo, los mismos aspectos de la emoción perfecta son los que tienen que entrenarse.

La generosidad, DANA: es la cualidad básica de un budista, es un sentimiento de querer dar y compartir y es una buena señal de que el apego y los deseos han mermado.

Si se miran los textos budistas esta es una cualidad muy desarrollada y se muestra así:

- Dar cosas materiales.
- Dar atención, energía y tiempo.
- Dar conocimiento, saber y cultura.
- Infundir valores.
- Darse a sí mismo.
- Dar el Dharma.

El amor METTA es poderse hablar de amor o poder ampliar el vocablo y pensar en la emoción positiva y creativa en vez de la reactiva.

Se tienen dos cosas, una es que se deja de ser víctima de las circunstancias y de las reacciones habituales y la otra es que se tiene un efecto de sosiego en las agitadas aguas.

Aquí no se deja la emoción de amor y bondad para

que surja solo una sino que se cultiva y este tipo de práctica es una herramienta para transformar la espiritualidad en sí misma. Hay una meditación para este fin se llama Metta Bhavana.

Compasión Karuna, la compasión no es un sentimiento de lástima por la desgracia ajena, sino es el amor que se convierte cuando se está frente al sufrimiento.

No solo ese sufrimiento, cuando se ve un niño con hambre, sino ese sufrimiento de una mente con ira, cuando se ve a gente sin paz, acosado por envidia o celos.

Tener compasión en nosotros desarrolla las cualidades espirituales.

Alegría empática MUDITA, es la alegría que se siente por la felicidad de otros. En esta vida todos buscan la felicidad y muchas veces se piensa que si de verdad se pudiera ser feliz con los éxitos y alegrías de otros la fuente de felicidad sería infinita.

Tranquilidad Upeka, cuando se habla de ecuanimidad, es importante saber que no es equidistancia, no es un estado de que te dejen en paz sino es algo positivo y lleno de vitalidad en el que se va suavizando el sentido egoísta y aparece la dicha y la paz, ya sea a la propia persona o el entorno.

Incluso en espacios hostiles se siente la tranquilidad, ecuanimidad y la paz.

Esta etapa de emoción perfecta es revisar si se van dejando cosas atrás, si se ha abandonado algún hábito, se es más amistoso y tranquilo.

Es una etapa para ir dejando cosas y mejorando.

Tercera: El habla perfecta

Hablar es algo maravilloso, pero se usa de manera tonta. Los textos budistas reflejan el tema del habla perfecta y se describe como un habla que es verdadera, afectuosa, útil, que fomenta la concordia la armonía y la unión.

Cuando se trabaja con el habla y la comunicación pronto se descubre que lleva directamente a:

La atención consciente y la claridad mental. Sin desarrollar esto, es imposible que se pueda tener un habla veraz.

Requiere de autoconocimiento, cuando se conoce bien, así sea un poco, se sabe lo que hace que todo se mueva.

También cuando se conocen las preferencias y prejuicios, y las proyecciones e introspecciones.

Se deben conocer los hábitos propios y sociales, el habla superficial, el chisme, la crítica y la murmuración.

El habla veraz abre puertas hacia dentro y hacia afuera, es de las etapas más importantes para crecer e iluminarse. Hay mucha energía atrapada en el habla y puede condicionar de forma creativa o negativa la conciencia.

Cuarta: La Acción Perfecta

¿Qué hace que las acciones sean correctas o no lo sean? ¿Hay un criterio universal?

La cuestión de cómo actuar de la mejor manera, cuál debe ser el criterio, el principio orientativo de la acción, esto surge de manera inevitable.

Según el Budismo lo que hace una acción ética o no es el estado de la mente con el que se hace.

Si la mente se basa en odio se entiende como odio, como los estados mentales negativos que se incluyen en esta fea emoción.

Si se hace con avidez, se entiende como la avaricia y

los estados de deseo neurótico, descontento con todo, ansiedad, envidia...

Si se hace con ignorancia, entonces no se refiere a la ignorancia académica o falta de intelecto, sino a la de no saber cómo son las cosas, al meter la cabeza en la tierra como el avestruz.

Si se hace bajo estas emociones entonces es como diría el Dharma: torpes.

Pero si se hacen basadas en:

Metta, son los estados mentales creativos, bondadosos, amables y claros.

Con generosidad, es tener en cuenta a otros que no es realmente tenerte en cuenta a ti, es ser desprendido, tranquilo con lo que se tiene, estar dispuesto a dar y darte.

Si se hace con sabiduría este es un término igual a iluminarse pero que para nosotros tiene que ver con ofuscación.

En la tradición budista no se habla de algo bueno o malo que denotan lo moral, sino los términos Kusala de hábil o Akusala de torpe, que señalan sabiduría o falta de esta.

Quinta: subsistencia perfecta

A Buda le interesaba el mundo, nunca fue de oídos sordos a lo que pasaba en su sociedad, aunque en términos de política era bastante sencilla en su tiempo, él no dijo mucho pero habló de los temas relevantes para el mundo en el que vivía.

Dijo que nadie es noble por su razón de cuna sino por sus actos. Habló de los aspectos filosóficos en boga como la existencia de un alma en cada ser que no se sujetaba al cambio y la creencia de un principio o dios creador.

Algo de lo que habló fue de la subsistencia.

Para el budista actual lo mejor es la democracia, la separación del Estado y la institución religiosa, una libertad que permita a cada individuo tener sus creencias propias.

Una persona que está en el proceso de alcanzar el desarrollo espiritual con el Budismo no debería trabajar en:

- Tráfico de personas o animales.
- La matanza y crianza de animales para el consumo.
- Fabricar o vender armas.

- Fabricar o vender venenos.
- La farándula.
- Ganarse la vida prediciendo el futuro.

Se tiene que tener en cuenta en dónde se invierte el dinero, a lo mejor no se trabaja haciendo armas, pero el banco donde están los ahorro sí.

A lo mejor la marca de ropa que se usa, utiliza cierto esclavismo para su producción.

No es solo trabajar en sí mismo, sino no contribuir con personas o entes que degraden el mundo. Para ello es necesario tener conciencia de la posible colaboración pasiva.

En esta etapa también hay que ver dónde han quedado los sueños, ver si se tiene tiempo para la cultura, para el altruismo y para todo lo que pueda darle más valor a la vida.

Sexta: El esfuerzo perfecto

En muchas ocasiones cuando se piensa en esfuerzo se relaciona con el tipo de actitud que se ha de adoptar para poder hacer aquello que no se quiere.

Esta y otras asociaciones lleva a tener una relación desagradable con el esfuerzo.

En el contexto del camino óctuple se utiliza el vocablo VYAMA y su significado es ejercicio físico y se relaciona con la gimnasia.

Esta palabra indica que la vida espiritual es una vida activa, incluso es dinámica, esto significa que no se tienen que estar haciendo las cosas frecuentemente o con apuro de ir de un lado a otro, es estar mental, espiritual y estéticamente activo.

La vida espiritual no es estar echado en un sofá leyendo y estudiando. El Budismo exige esfuerzo y vigor, sin importar la edad o el estado del cuerpo, es un esfuerzo dividido en dos aspectos: uno general que va con el esfuerzo que ha de realizarse en cada etapa y otro que es específico.

El esfuerzo específico consiste en cuatro ejercicios:

- Prevenir.
- Erradicar.
- Desarrollar.
- Mantener.

Prevenir es algo más práctico que filosófico, se está en contacto con las cosas todo el tiempo. Se ve algo que gusta y se desea, o se ve algo que incomoda y se siente enfado.

En esta parte se debe ejercitar la relación con los objetos de los sentidos y con la mente inferior, hay que darse cuenta de lo que se ve, oye, y piensa y el efecto que causa.

Erradicar es ver las cosas que impide tener lucidez y meterlo en la lista de los 5 obstáculos: deseo; odio/rechazo; pereza/letargo; ansiedad/ desasosiego; duda/indecisión.

Son estados mentales torpes que en una medida o en otra están en la mente y se deben erradicar.

Desarrollar es ver los estados hábiles no como buenos pensamientos sino como estados más refinados o superiores de conciencia a los que se puede tener acceso con el ejercicio de la meditación, situada en un contexto de práctica espiritual.

La meditación es el camino perfecto para estar sobre estas experiencias y conseguir sosiego e integración psíquica.

Mantener es cuando se previenen el surgimiento de los estados torpes y cultivando estados hábiles y manteniendo los estados mentales positivos que se han podido desarrollar.

Es seguir adelante, desarrollando conciencia y atención, ser constante es la premisa en esta etapa, y ser amable consigo mismo.

Séptima: La Atención Perfecta

SMRTI, significa en sánscrito atención o atención consciente, el significado literal es recuerdo o memoria.

La no atención consciente es un estado de falta de memoria de distracción de falta de concentración o muy pobre.

La atención consciente tiene las características opuestas, es darse cuenta de las cosas, recordar en vez de olvidar, no existe tanta dispersión, es buena, tiene continuidad, constancia y se ve por sí misma y se persigue el desarrollo.

Se puede examinar la atención consciente y los niveles y aspectos de cerca para comprenderlo y practicarlo mejor:

Atención consciente de las cosas: Hace referencia al entorno material y de la naturaleza. Muchas veces no se es totalmente consciente de lo que rodea el entorno. Además de falta de tiempo esto es falta de interés.

Hay que aprender a ver, aprender a mirar, con

consciencia, tener receptividad, así se entrará en comunicación con la vida y se saldrá más creativo y rico.

Atención consciente en sí mismo: como se es complejo, la mejor manera de mantener la atención consciente en sí mismo es atendiendo los niveles del ser:

- Atención consciente del cuerpo.
- Atención consciente de los sentimientos.
- Atención consciente a los pensamientos.

Las mejores herramientas para transformar el ser.

Atención consciente en los demás: muchas veces ni se ve ni se escucha a los demás.

Se debe empezar a ver al otro, conectar, al menos con los sentidos. No se debe escuchar pensando en lo que se va a contestar, sino teniendo apertura y captando lo que dice.

Atención consciente de la realidad: cuando se habla de realidad se refiere a las cosas materiales, la vida ordinaria, las cosas del mundo que parecen reales.

Aunque para el Budismo todo lo que parece real en sí mismo es ilusorio y la realidad tiene más que ver con el propio potencial, con las cualidades espirituales de la sabiduría y la compasión.

Octava: el SAMADI Perfecto

Significa estado del ser firmemente establecido, se puede entender de dos maneras:

La mente establecida solo en un objeto, esto tiene que ver con la concentración mental meditativa y por el otro, yendo más lejos, es el establecimiento del todo, el ser en cierta disposición de consciencia, la cual sería Samadi en el sentido de iluminación.

Samadi es la etapa del Noble Camino Óctuple, donde se sale con la transformación completa y perfecta en todos los niveles del ser.

Es el triunfo de la visión perfecta, este es un camino de práctica y en este caso Samadi se relaciona más con la concentración meditativa que lleva al sosiego y la quietud y las realizaciones espirituales.

Llevando las experiencias a la transformación del Samadi.

8

LOS CINCO FACTORES DE CONTROL

EL PODER DE LA FE SADDHA

La primera de las hermosas cetasikas es la fe, tiene la característica de poner fe o de dar confianza, la función es la de aclarar, ya que una gema limpia el agua y hace que el agua turbia se aclare.

El poder de la fe o Saddha, no es fe ciega, es confianza, hay Saddha con dana, con sila y con bhavana, no puede haber bienestar sin fe.

El Poder de la Energía

La salud depende de un estado mental de calma, de la ausencia de miedos, de emociones aflictivas y de sufrimiento.

Para lograr uno de los controles del Budismo se debe

acudir a la energía superior por medio de la visualización de seres iluminados y recitando mantras, esto ayuda a generar un estado adecuado previo a una terapia. Especialmente acudiendo al Buda femenino Tara.

Tara nació de las lágrimas de Chenrezing, el Buda de la compasión, quien abrumado por la dificultad de conducir a los seres fuera del samsara, veía flaquear sus fuerzas para cumplir sus objetivos.

Frustrado empezó a llorar y de esas lágrimas nacieron taras de colores blanco y verde que le dieron el apoyo para lograr su meta.

Tara representa las habilidades de todos los Budas, con ella se puede lograr la guía y la energía para alcanzar el éxito.

El Poder de la Atención Completa

Se tiene poco tiempo, si en la vida ordinaria se pone la atención en cualquier parte y no en los objetivos importantes para cumplir los propósitos.

La atención completa es adquirir la conciencia clara y unificada de lo que realmente es cada uno de los momentos sucesivos de percepción. Se le llama completa o pura porque se encarga de los hechos escuetos de una percepción.

Se tienen cuatro fuentes de atención completa:

- Las funciones de ordenar y denominar, efectuadas por la Atención Pura.
- Procedimientos no violentos y no reactivos.
- Capacidad de detención y ralentización.
- La rectitud de visión proporcionada por la atención pura.

La mente tiene desordenes, muchas veces se instalan pensamientos que son muy vagos y no llegan a ser probados en un nivel más alto de conciencia, porque son tan fatuos que solo están allí para hacer ruido.

Otras veces hay proyecciones confundidas, pensamientos y sentimientos más significativos que tienen una conexión más cercana con la vida que se ha proyectado.

Hay una elevada proporción y confusión, hay muchos pensamientos sofocados y caprichos pasajeros.

Tener la claridad de los pensamientos hace reconocer que no se pueden tener dos pensamientos al mismo tiempo. La claridad no da cabida a crepúsculos, se logra tener el pie firme y una atención plena, superando los modelos mentales.

La atención pura deja abiertas las grietas en la estructura que parecía impenetrable en el proceso mental y allí la sabiduría entra con la meditación constante para romper las estructuras y lograr lo propuesto.

El Poder de la Concentración

Se dice que Buda enseñó dos tipos de meditación, la de la atención y la de la concentración.

Tanto la de la atención como la de la concentración son un todo en el Budismo. Explica que hay que poner atención en el camino y el propósito es la práctica de la atención para llevarla a una concentración correcta.

Lograr la calma, el asentamiento y un lugar para estar estable donde se puedan ver las cosas como son.

Ambas se ayudan en la práctica, esto se puede ver en las fases de la práctica de la atención dada en la meditación.

Hay que imaginar al cuerpo, la primera fase es estar

concentrado en el cuerpo en sí, apartando los pensamientos y no pensar ni siquiera en el propio cuerpo y lo que significa.

Se siente la corporeidad, esa es la referencia, se mantiene así hasta irse poco a poco calmando.

Se mantiene hasta lograr asirse a la respiración, en ese momento lo que llegue a la mente es como algo que llega a asirse de la mano y a seguir el camino.

Cuando se logra desarrollar no se puede evitar conseguir la calma y el gusto total con el cuerpo en el momento presente.

Esto es una práctica que toma tiempo, pero el poder de la concentración permite alcanzar los más altos niveles de las enseñanzas de Buda.

El Poder de la Vista Interna o Penetración

Dentro de las enseñanzas budistas, ya se sabe que está la atención plena, esta deja muchos resultados, entre ellos el poder de la Vista Interna.

La atención convencional se usa para vivir, se enfoca en el exterior, ha sido herramienta clave en la supervivencia de la especie.

La atención plena tiene un matiz más que es la llama

plena, integral y total, dirigida hacia el interior, el Budismo va enseñando una mirada interna que permite una mayor conciencia de sí misma.

Una mirada de los procesos internos del cuerpo, de las sensaciones, los estados emocionales, la manera en la que piensa y reacciona.

A medida que se crece dentro de la doctrina se puede ir más allá, hasta tener un conocimiento pleno del interior.

ESLABONES PARA LLEGAR A LA ILUMINACIÓN

Completa atención

Dentro del Budismo, cuando se logra ir trascendiendo y conociendo el sendero que llevará a la plenitud, se aprende a contemplar el cuerpo y las sensaciones.

Se conocen y se pueden trabajar los estados mentales y toda la mente, así como el pensamiento, las ideas y las aspiraciones.

Se aprende a tener una plena consciencia de ellas y se le presta una atención completa de manera de poder controlar la codicia y el abatimiento común en el mundo del cual se es víctima cuando no se hace una introspección y aún no se aprende a dominar.

Muchos maestros de meditación le piden a sus alumnos que pongan la atención en su verdadera naturaleza, esto causa varias cosas, primero los estudiantes desarrollan un dolor más fuerte y se hace distracción. El fin es que se mantenga hasta que se vaya el dolor, lo malo es que ese dolor puede prolongarse mucho tiempo.

Además los estudiantes tienen que poner más rígida la mente y endurecerla para ver la tensión. Los estudiantes comienzan a tener una mente endurecida cuando aparece el dolor, esto es natural, ya que implica coraje y fortaleza el hecho de ver el dolor de esta manera.

Esto puede causar un endurecimiento en la personalidad, y ahí salen los problemas reales, cuando esto sucede muchas personas deciden tomar un retiro de amor y amabilidad porque descubren en este proceso que tenían y hacían cosas que no eran muy agradables para otras personas.

La completa atención permite que se pueda conocer totalmente lo que se es y lo que se puede hacer para mejorar y ser mejor cada día.

Investigación del Dharma

El propósito es lograr romper con las adicciones,

todo aquello que esclaviza a las manifestaciones de las realidades construidas donde hay una experiencia vicaria de los sentidos.

Es salir de esos mundos fabricados e impermanentes, que enferman y alejan del Yo. Se relaciona con todos los deseos, las manifestaciones banales y las adicciones de cualquier tipo.

El Budismo y el Dharma, son el Camino que termina los deseos vehementes y el buscar estos estados de existencia que son falsos.

Con la investigación del Dharma se puede conseguir el estado verdadero de la realidad y acabar con los estados de sufrimiento y angustia, llegando el renacimiento. El final de todo lo que es creado, no es permanente y enferma.

Se renuncia a todos los deseos, las acciones y los impedimentos, se destruyen, desechan y abandonan para lograr el Nirvana, la inmortalidad, el estado permanente verdadero. La única realidad verdadera.

La energía del esfuerzo

Hacer un esfuerzo es movilizarse con los recursos propios de cierta actividad.

Un esfuerzo, es emplear potencia para conseguir

objetivos, manejar un nuevo idioma, ordenar la habitación, terminar un proyecto, etc.

La motivación ayuda a que el esfuerzo actúe. El esfuerzo brota natural cuando se quiere lograr algo.

Es muy distinto a forzarse, que es un esfuerzo con crispación, excesivo y sin nada de motivación, ese no es el que busca el Budismo.

Forzarse es una presión extra, un esfuerzo artificial donde el esfuerzo natural no está, es exceder la maquinaria, es algo disfuncional e insano.

Es una creencia del exterior que ha confundido las palabras y se dice que si no se hace no se merece lo que se vale, es intentar hacer algo con la fuerza que no se tiene, porque se quiere a pesar de todo.

Es también la falta de escucha de sí, es hacer tareas que no se quieren y se hacen porque no hay autoconocimiento.

La meta es lograr que la energía del esfuerzo se canalice de acuerdo a las capacidades de cada quien, para conseguir los objetivos, por ejemplo en la meditación, ir canalizando y avanzando el camino de acuerdo a la capacidad propia, sin forzarse a lograr más allá, esto no dará resultado, dejará el agotamiento y la depresión por no lograr los objetivos.

Deleite

Cuando se logra avanzar en el proceso de crecimiento en el Budismo se va creando un deleite por conocerse cada día más e ir desprendiéndose de cada una de las emociones, las aferraciones y los apegos.

Logrando alcanzar un estado de tranquilidad, seguridad y plenitud, un sendero más en el gran camino al Nirvana.

Tranquilidad

Se practica la tranquilidad hasta lograr los objetivos de la absorción y la concentración mental.

Cuando se hace se logra alcanzar finalmente el nivel de sabiduría. Para poder cultivar esta práctica en el Budadharma se ha establecido una serie de métodos para que se pongan en práctica.

Las personas tienen diversas necesidades basadas en diferentes circunstancias. Este es un método secuencial de práctica que está diseñado para las diversas necesidades de los seres sensibles.

Nuestra mente muchas veces puede estar agitada

sobremanera, en este estado es fácil ser afectado por las cosas que se encuentran en el exterior.

Las mentes son arrastradas por los estímulos de las situaciones en las que se encuentra, incluso si se desea progresar más en la práctica, va a ser casi imposible generar sabiduría con una mente que esté convulsa.

Por eso la tranquilidad es esencial para lograrlo, se tiene que aprender a serenar la mente, con la práctica se desarrolla la concentración enfocada en un punto, así se saca la mente del estado dispersa y ordinario.

Se puede elegir un objeto particular y se pone el enfoque en él, así se va logrando la quietud poco a poco, este es el enfoque básico de la tranquilidad.

Concentración

Cuando se está cuidando la mente, el cuerpo y la conducta en la vida diaria, se están cultivando actitudes sanas, se descubren que aunque todavía se tengan pensamientos que vaguen, los acontecimientos fluyen mejor gracias a la meditación.

Los pensamientos saludables encaminan a la concentración o Samadhi, cuando no se cuidan entonces los pensamientos que surgen en la meditación son insanos, son pensamientos que tienen poder negativo que impiden desarrollar la concentración.

Se vuelven obstrucciones y no se cultiva el cuerpo y la mente estable y relajada.

Los preceptos generan concentración, no significa que si se practican de una vez se logrará el samadhi, sino que la práctica del estilo de vida estable puede dar la base para cultivarlo.

Ayudando a progresar en la práctica mental, se puede considerar la práctica de estos: preceptos, concentración y sabiduría, para fortalecerse mutuamente.

Cuando el precepto es puro y el estilo de vida saludable entonces la meditación y la concentración son fuertes.

La concentración genera sabiduría, cuando se tiene una base de concentración se puede cultivar la sabiduría, esto se hace por medio de los principios del Dharma y su contemplación.

En este proceso se reflexiona detenidamente sobre el

Dharma o se experimenta directamente en la realidad que describe el Dharma.

Ecuanimidad

Cultivar la ecuanimidad no insensibiliza. No hay que preocuparse no se va a seguir cambiando de estado de ánimo. Hay momentos donde se sentirá en la cima y otros que se va a un abismo.

El entrenamiento de la atención, la concentración y la visión profunda por medio de la meditación ayuda a evitar que las emociones extremas anulen el juicio y el control de las reacciones, claro se va a sentir también la emoción, pero sin ser esclavo de ella. Allí está la diferencia.

Hay personas que confunden el estado de ecuanimidad emocional con la indiferencia, pero esto no es así. Se trata de dos actitudes diferentes.

La indiferencia impide una captación clara del estímulo, ya que al haber sido clasificado como poco importante la atención no se enfoca sobre él. Por lo tanto no hay reacción.

Lo indiferente no hace reaccionar, al contrario, la ecuanimidad impide una reacción apresurada, automática y ciega, la ecuanimidad proporciona al sistema nervioso un mecanismo de verificación y un sistema de autorregulación que impide respuestas extremas y con poca adaptación a la realidad.

Este es un estado de ecuanimidad generado por la meditación Zen, no es de ninguna manera una falta de actividad emocional, sino un estado de equilibrio entre los polos opuestos de toda actividad emocional.

10

LOS 10 ESLABONES QUE ENCADENAN A REALIDADES ARTIFICIALES

Estos son los diez eslabones que encadenan a realidades artificiales, precisamente las que todo budista desea alejar:

Las creencias e impulsos de una personalidad individual permanente, alma o yo

En su momento se abordó que los impulsos no dejan nada bueno, el ser impulsivo es actuar sin sopesar las consecuencias, esto puede arruinar años de preparación.

Asimismo las creencias erradas que no se sueltan afectan la vida en general.

No se necesita a un Dios ni imperativos que se derivan de este concepto.

Los ateos son quienes más hablan de religión y esto aleja de la conexión con el Yo, la búsqueda de un crecimiento y por supuesto de las doctrinas del Budismo.

El apego a interpretaciones o percepciones, ritos, rituales, dogmas y supersticiones erróneas

Los apegos afectan la vida diaria, aferrarse a los objetos materiales, tener interpretaciones propias que se mantienen con terquedad, y percepciones propias acerca de determinados temas de la vida, son supersticiones que no combinan con la filosofía budista y al contrario aleja a la persona de ella.

Esto no es inofensivo, al contrario, afecta el Yo, y lleva a realidades artificiales que mantienen lejos a los objetivos de alcanzar el Nirvana.

Cada quien tiene la elección de creer lo que desee, como se dijo al principio, en el Budismo no se evangeliza, sino que se enseña el camino y depende de las elecciones de cada quien, tomarlo o no.

Las dudas y la confusión

La duda y la confusión no permiten que la mente y el espíritu se abran al conocimiento.

Se encuentra dentro de las acciones torpes, ser

budista es comprender las cuatro Nobles Verdades, para aprender a superar las emociones que puedan estar causando la confusión y la duda, es llegar al conocimiento, aceptarlo y avanzar.

Los deseos de los sentidos, la lujuria y las ambiciones

La sexualidad es ampliamente aceptada en el Budismo, lo que no es aceptado es una conducta lujuriosa y que provoque algún daño contra otra persona, como la pedofilia, la violación o el adulterio.

Los deseos de los sentidos tampoco son permitidos, así como las ambiciones. Un budista suelta, no se aferra porque aferrarse es sufrir.

La meditación y todas las técnicas de esta doctrina no conciben ninguna de las acciones de este punto.

La antipatía, las aversiones, el odio, la malicia, el deseo enfermizo, la malevolencia y el despecho

Ser antipático, tener odio, malas intenciones, deseos obsesivos, despecho, maldad, nada de este tipo de emociones tiene conexión con el Budismo.

La energía se mina cuando se siente de este modo, al principio puede crear falsas realidades que dan energía, pero lo que realmente hace es consumirla a grandes cantidades, libera y no repone, dejando un vacío al final, un decaimiento y una falta de fuerza.

La lujuria y los deseos por perpetuar las formas de Materia en buen estado de aquí en adelante

Así como se reflejó lo malo que es tener lujuria, también lo es aferrarse a lo material, las formas de Materia perpetuadas.

El Budismo ayuda a que se entregue todo para lograr la iluminación, no hacerlo causa dolor en la yoidad y el apego.

Esto termina causando el estar con la mente puesta en la materia que es esencialmente ilusoria.

Perpetuar las formas no combina con la doctrina.

La lujuria y los deseos por perpetuar las no formas y el más allá de lo que no es la Materia, de aquí en adelante

La meta es poder destruir estos deseos que encadenan la manifestación de las realidades, que se construyen en dominios fabricados e impermanentes.

Esto causa enfermedad y aleja al Yo.

Los Puntos de Vista incorrectos de las ideas y conceptos más el orgullo y la arrogancia, declarando, "Yo soy el hacedor"

Como seres humanos se tienen muchas maneras de pensar y creencias. Se es ignorante de lo que no se sabe. Hay que adoptar la humildad para aceptar cuando se desconoce algo y no se puede imponer la idea que se cree real, así lo sea, esto genera arrogancia y es una emoción que no encaja con el Budismo.

La excitación por las construcciones y el perpetuar las realidades artificiales, la Desilusión e Ilusión Propia

No hay duda de que las realidades artificiales no llevan al Nirvana ni acercan siquiera a la introducción del Budismo.

Perpetuarla es ser terco a lo que no concuerda con la doctrina de Buda. Al contrario lleva a la desilusión y el sufrimiento.

La adición al fingimiento propio y al estado completo de Ignorancia Propia

Estos lo hacen algunas personas como necesidad de

ilusionarse con realidades artificiales e individualidades que aunque se vean reales no lo son.

La hacen necesarias para no ver lo que no es permanente. No ver la enfermedad, lo que perece en poco tiempo en las sociedades, todo lo que afecta y condiciona en la existencia ficticia que a veces se desea cuando no se ha conseguido el Yo.

CONCLUSIÓN

El budismo puede cambiar la vida de manera profunda.

La mayoría de la gente tiene un concepto prefabricado sobre el Budismo pero nunca se ha preocupado más por ello. No se dedica a profundizar en los grandes conocimientos que alberga.

De seguro luego de recorrer esta experiencia le sorprendió gran parte de la gran profundidad del Budismo. Más sorprendente es que este trabajo es apenas un abreboca a lo que es el budismo en su totalidad.

La esencia del Budismo es valiosa y se debería considerar para las enseñanzas.

El objetivo no es que el que está aquí se haga budista, pero sí que se le de valor a la idea de abrigarse a los principios básicos.

El mundo está en constante cambio, antes la gente se preocupaba por sobrevivir, ahora esto no es así. Esto es porque en parte se cree en lo positivo, pero también en lo que se ha perdido.

El mundo consumista que hay ahora ha cambiado todo y la gente siempre anda sedienta de más, quiere autos nuevos, casas más grandes, ropa de la temporada, los teléfonos más novedosos aunque hagan lo mismo que el del año anterior.

Se tiene la superficialidad de preocuparse por la estética, lo malo es que se lleva a un punto obsesivo, queriendo tener la piel perfecta, el mejor cuerpo, y aparecen los complejos y esto lleva a la infelicidad y aparece el sufrimiento y la insatisfacción.

El budismo fortalece y se aprende a ser más feliz.

Se espera que con la experiencia que acabamos de pasar se aprenda a disfrutar más de la vida y considerarse la riqueza del budismo y todas sus doctrinas, no es necesario hacerse budista para aplicar algunas de sus filosofías a nuestra vida.

www.ingramcontent.com/pod-product-compliance
Lightning Source LLC
Chambersburg PA
CBHW060409080526
44583CB00012B/516